MW00975669

LA FORJA DEL VERSO

LA FORJA DEL VERSO

ANDRÉS BERMÚDEZ

santa rabia poetry

COLECCIÓN DE POESÍA PANHISPÁNICA

1. POESÍA PUERTORRIQUEÑA

Autor:
© Andrés Bermúdez

Editado por:
© SANTA RABIA POETRY
de Edward Elí Urbina Montenegro
Paseo del Mar P4 – 18
Nuevo Chimbote – Perú.
santarabiapoetry@gmail.com

PRIMERA EDICIÓN: FEBRERO DE 2022

IMPRESIÓN BAJO DEMANDA

IMPRESO EN FEBRERO 2022 EN:
Aleph Impresiones SRL
Jr. Risso Nro. 580, Lince – Lima, Perú

ISBN: 978-612-48817-1-8
Hecho el Depósito Legal en la Biblioteca Nacional del Perú:
N° N° 202201223

DISEÑO DE PORTADA Y MAQUETACIÓN:
© Santa Rabia Poetry

FOTOGRAFÍA DE CUBIERTA Y DE INTERIORES:
© Eduardo Bermúdez

INTRODUCCIÓN:
© Jaime Morales Quant

Prohibida la reproducción total o parcial de esta obra,
por cualquier medio, sin el permiso previo de sus propietarios.

EL POEMA ES UN ABRAZO QUE PERSISTE
Breves anotaciones introductorias

El sujeto lírico de *La forja del verso* observa y fabula los movimientos de la luz, las sinuosidades de la oscuridad, las imprevistas direcciones de los vientos, las álgidas derivas de las aguas, las formas de la tierra, el paso de animales y astros metafóricos y físicos. Desde el marco de un itinerario estético, ético y filosófico, y sin dejar de reconocer los universos del desgarramiento y la evanescencia, ese sujeto descubre un júbilo en el que habitan, pese a todo, la templanza y la serenidad; encuentra espacios de donde emergen incesantes puertos de la plenitud.

Allí, entre las caras de la oscuridad, esta escritura revela la memorable fuerza del fulgor. Entre las emanaciones de la herida, propone los surcos de ternuras antiguas o renovadas. Entre las agitaciones de la pérdida, destaca el vigor de lo que alguna vez estuvo presente. Entre los sismos de la muerte, no deja de nombrar la sorpresa de la regeneración. Al mismo tiempo delicada y contundente, esta poesía alude a la fiesta, a la danza, a la incontestable manifestación de los vuelos y las raíces. *La forja del verso* es, en definitiva, una ceremonia profunda alrededor de la vida misma.

En este orden de ideas, el libro de Andrés Bermúdez demuestra que la palabra poética no solo es el *medio* para expresar las variaciones de un pausado e irreductible goce existencial; además, recuerda que dicha palabra implica una disposición asombrada. En tal sentido, el poemario puede ser examinado a la luz de algunas caracterizaciones propuestas por Octavio Paz en su ensayo "Poesía de soledad y poesía de comunión".

Parafraseando a Paz, la *poesía lírica* ofrece una vivencia personal que sacraliza lo que nos rodea. De una u otra manera, se conecta con el ámbito de lo religioso. A su juicio, quien escribe anhela vincularse: con su mundo espiritual, con la persona que ama, con la divinidad, con la esfera natural. Sin embargo, bajo tal perspectiva, la escritura puede ser también el testimonio de una brecha, de una fractura, de un fracaso en la búsqueda de la totalidad absoluta. Para Paz, esa *poesía* parte de una fascinación individual que puede derivar en el vínculo o el sacrilegio.

Justamente, el sujeto de *La forja del verso* apuesta por un abrazo o una integración con la naturaleza:

> Habla a la tierra como le hablan
> mis ásperas manos y un rastrillo
> al amanecer cuando soy palabra.

Y en sintonía con los planteamientos ya citados, esa voz nos invita a preguntarnos sobre las formas en las que configuramos los nexos con lo existente: ¿cómo *hablarles* a los seres y objetos que nos circundan? ¿Cuál es la gravidez de nuestras derrotas? ¿Qué relaciones nos interpelan y nos constituyen? ¿En qué momentos nos hacemos *palabra*, festejo, poesía, redención?

JAIME MORALES QUANT

A la memoria de Guille,
inmarcesible que la voz
abatida realza siempre.

Yacíamos
ya en lo más denso del monte, cuando
por fin te acercaste a rastras.
Pero no pudimos
transoscurecer hacia ti:
imperaba
compulsión de luz.

PAUL CELAN.

LIBRO UNO

1

Yo sueño decir, decir la brida
con la voz del viento, la boda
hondísima, irrevocable, solar.

2

En despedir lo que nos mora
y saludar en cambio el afuera,
acoge el corazón toda partida.

3

Inflama ansia mi deseo
de dulce morar el claro
día, habitar intensa luz.

4

Habla a la tierra como le hablan
mis ásperas manos y un rastrillo
al amanecer cuando soy palabra.

5

Despierta en las palabras,
la lumbre que nos serena
brinda en la noche hogar.

6

Recupera el ser la luz perdida
adonde lee en la profundidad
y desoculta la soledad radiosa.

7

No solo brillas, no solo traes la luz,
sino que eres su variación infinita,
ciencia de pausados, secretos giros.

8

Entre el revuelo del día,
aflorar de esto y aquello,
sin otro aliento que vida.

9

Hay un rastro del rocío
escrito sobre tu cuerpo
al amanecer, ese tesoro.

10

A ser de luz que al soplar
irisa cumbres de estiércol
y las olvida, viento llaman.

11

Exacerba en mí la llama
la agitación y la pérdida,
arde Andrés que no soy.

12

Enemigo de niebla, el canto
transmuto; ya sombra es voz
que vibra mansa en mi seno.

13

Allende la caudalosa herida,
calmo surco mar de sombra
y de un oculto río soy barca.

14

Alimentas incendios y dejas atrás,
pero al dar con un astro eres otra
en el vago furor de ser oscuridad.

15

Que me perdí en la noche
y me busco y en buscarme
recreo luz completamente.

16

Negruzca tras minuciosa
esperanza de hilar la luz,
no nos llega sino la llaga.

17

Además de obrar camino,
realiza contrario esfuerzo
tu ser quien la luz resiste.

LIBRO DOS

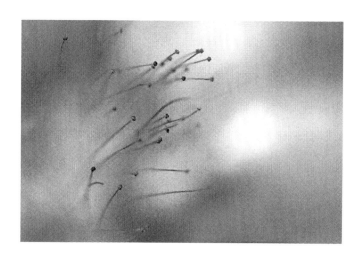

18

Recorrer con el beso de los ojos
mis pistilos turbios, enrarecidos
de forzar y penetrar el día tanto.

19

Ilumina, con el rayo del canto,
en la sorda palidez menguante,
tu música— y domina la noche.

20

El poema, el poema es del corazón
movimiento de alba, el poema ama.

21

Anuda la dicha en dolor
y deseo y traspasa, vence
con su canción sensitiva.

22

Vibración de la tierra que tú oías
y era que acordabas cada anhelo
tendido en hilo de tu respiración.

23

Mirada que se marchita
aunque de tierno adiós
vuelve a la tierra, crece.

24

Desear con la madrugada
-sentimiento en la lejanía-
levantar el sol sobre agua.

25

Ocúltase entre las rosas, aguarda
a su víctima y ataca por sorpresa,
no tiembla bajo la luz de la tarde.

26

Ha muerto pero nacido el animal
sonoro que, así como no termina
de morir, no deja de nacer nunca.

LIBRO TRES

27

Y obedecer a la rosa enfebrecida,
arder según la danza de su llama,
arar como un ciego su oscuridad.

28

Ciego perro de aurora,
en la visión expandida
fui total luz que sueña.

29

Sostienes la no-herida.
Otra sangre, silenciosa,
corre y te conmociona.

30

Tenue voz del rocío y un poema
del alba me dejan volver al niño
que fui una vez ida una mañana,
aturdido de camino a la escuela.

31

Con su guerrero corazón,
el amor vence a la muerte
y la sofoca dentro, dentro.

32

Caricias de primavera,
un azul suave y la rosa,
tocadas de resplandor.

33

Rebaso el pesado sueño y crepito.
Soy sabor a luz herida y fragancia
embriagada, soy nieve que quema.

34

Se brinda el verso generoso
cuando me doy a canto otro
y nada queda, dolor ni gozo.

35

Derramada sin huella,
vertida así nomás toda
deshace fuegos y albas.

LIBRO CUATRO

36

Hilos de rosa, caminos del rocío
y un fuego temeroso de exceder
la primera danza, tan cara al día.

37

Acaso la sola fuga se posa,
aprovecha flor, acaso vuela
y de eterno cielo algo roza.

38

No canta el río, mas quedo
susurra una honda música
e inaudible dice lo infinito.

39

Amo los patrones que dicta Naturaleza,
aunque más allá he visto unirse cuerpo
y alma, y la unión prestar abrigo al alba.

40

Eclosiono como un niño
en primavera, y en otoño
marchítanse mis poemas.

41

Enséñame a morir como quien nace,
descubriendo torpe acceso al mundo,
y así podré nacer como quien muere,
como quien da ese desconocido paso.

42

Acudes adonde eres llamado
en plegaria, a animar tu rosa
doble: recogido, abierto rayo.

POEMA 20
[PROCESO]

A lo largo de la modernidad se encuentran esfuerzos que dan cuenta de una concepción de la escritura poética como proceso. Aun así, nos parece, se enfatiza poco esa zona de la labor creadora del poeta, la dimensión artesanal de su búsqueda. En ese contexto podemos preguntarnos: ¿qué lleva a considerar terminado un texto, un poema, un libro? ¿Cuáles son sus bordes? ¿No basta aceptar el brindis del poema como aliento que en lo inacabado halla su forma? ¿Qué relación existe entre lo concluido y lo sin concluir? Afirmamos que hay un rayo, un esplendor, un deslumbramiento, pero ¿resulta esto suficiente? [1]

En ánimo de arrojar luz sobre la apertura o expansión de la escritura poética examinada en tanto proceso, hemos vuelto a la versión original del poema 20 y la hemos

---

[1] Para algunas de estas ideas me sirvo de la "Introducción" escrita por el arquitecto Andrés Mignucci para mi anterior libro "Instrumento del canto".

reconstruido en un texto nuevo que, si bien guarda rasgos en común con el poema finalmente ofrecido en *La forja del verso*, es diversa, no ajena, a dicha versión.

Así, presentamos tres textos —el original, el incluido en el libro y el original-reconstruido, o falso original. Fueron escritos en ese orden, y el original-reconstruido es una reescritura del incluido en el libro más que del original.

A. B

SAN JUAN, PUERTO RICO, 3 DE FEBRERO DE 2022

20 (original)

El poema es un corazón
virgen, mas vigoroso y lleno
en la oquedad de la noche.

¿Lleno de qué?, dirías.
Lleno de su propio movimiento
de ala a un tiempo fuerte y delicada,

rasgando oscura oquedad.
Cantemos: ¡el poema es un corazón
vigoroso que arde en la noche!

20 (incluido en el libro)

El poema, el poema es del corazón
movimiento de alba, el poema ama.

20 (original reconstruido)

Del movimiento del alba
-el alba delicada y fuerte-,

canta el ansia del poema,
y hacia la oscuridad hiere

el firme corazón de alas
en que soy lo que reluce.

ANDRÉS BERMÚDEZ [San Juan, Puerto Rico, 1985] es poeta. Tiene un Bachillerato en literatura comparada de la Universidad de Puerto Rico, Recinto de Río Piedras, y actualmente cursa la maestría en el mismo departamento. Vivió cuatro años en Argentina donde trabajó como profesor de literatura de escuela secundaria. También allí fue discípulo del poeta y artista César Bandin Ron.

El último día de su estadía en Buenos Aires se publicó su primer libro de poemas, *El fuego errante* (Ediciones Tierra del Sur, 2012). Luego en San Juan, Puerto Rico, se publicarían sus libros subsiguientes: *Rocío de sombra*, que cuenta con dibujos de la ceramista argentina Susana Espinosa (Edición de autor, 2015); *La rosa amarilla*, que acompaña los poemas con fotografías del arquitecto cubano-puertorriqueño Eduardo Bermúdez (Ediciones callejón, 2016); *La rosa desierta* (Edición de autor, 2018); e *Instrumento del canto*, que contrapuntea la escritura con dibujos nuevamente de Espinosa (edición de autor, 2021).

A lo largo del 2018 presentó, en tres universidades, la exhibición *Puerta de rocío*, que combinó los poemas del período del libro *Rocío de sombra*, publicados y sin publicar, con dibujos de la mencionada artista argentina.

CONTENIDO

Febrero, 2022
Editado en Chimbote, Perú,
por Santa Rabia Poetry
www.santarabiapoetry.com

COLECCIÓN DE POESÍA PANHISPÁNICA

- ODOLA | MARINA AOIZ MONREAL [ESPAÑA]
- LA FORJA DEL VERSO | ANDRÉS BERMÚDEZ [PUERTO RICO]

PRÓXIMOS TÍTULOS

- ESTE DÍA NUNCA VOLVERÁ | CARLOS A. COLÓN RUIZ [PUERTO RICO]
- BREVE HISTORIA DEL SOL | LUIS RODRÍGUEZ ROMERO [COSTA RICA]

Made in the USA
Columbia, SC
09 February 2023

11412228R00050